Y. 5557.

B.

Yf 6183

LETTRE
A UN AMI
DE PROVINCE;

Contenant quelques Observations sur Adélaïde du Guesclin, Tragédie de M. de Voltaire.

LETTRE
A UN AMI
DE PROVINCE,

Contenant quelques Observations sur Adélaïde du Guesclin, Tragédie de M. de Voltaire.

A AMSTERDAM,

Et se trouve

A PARIS,

Chez Cuissart, Libraire, sur le Pont-au-Change, à la Harpe.

M. DCC. LXV.

LETTRE
A UN AMI
DE PROVINCE,

*Contenant quelques Observations sur la Tragédie d'*ADÉLAÏDE DU GUESCLIN.

ENCORE une Tragédie ? MONSIEUR.... Ne vous effrayez pas. Je sais qu'à ce mot vous craignez d'apprendre la disgrace d'un Auteur écrasé sous sa chûte ; que vous êtes toujours épouvanté de la stérile fécondité de notre siécle, & qu'au seul nom d'une Piéce nouvelle votre sensibilité pour les malheureux est

A ij

émue jufqu'au fond de l'ame. Il femble en effet que le deftin de notre Théâtre foit aujourd'hui d'être célebre par fes malheurs, & d'être peut-être enfeveli fous fes ruines, s'il n'étoit foutenu par les colomnes inébranlables, où fe lifent les noms de Corneille & de Racine. Semblables à ces beaux Monumens antiques, où triomphent, au milieu des débris, les chefs-d'œuvres du goût, échappés à la barbarie, & refpectés par le temps. Auffi Meffieurs les Comédiens ont-ils toujours la prudence de tenir en réferve les vieux corps de Cinna, Rodogune, Iphigénie ou Phedre, pour foutenir la retraite, & éviter une déroute générale. Avant de donner Pharamond, il étoit arrêté dans leur Confeil qu'en cas de malheur on fe mettroit fous la fauve-garde d'Héraclius. C'eft toujours là le point de ralliement, c'eft-là le retranchement impénétrable. Je faifis avec joie l'occafion de rendre ici justice aux Comédiens, qu'on accuse de manquer de lumieres dans le choix des Piéces qu'ils nous donnent ; il ne faut pas leur supposer un aveuglement incroyable sur les défauts énormes de la plûpart de ces Piéces nouvelles, qui tombent à la premiere représentation : une longue habitude de la Scène suffit pour donner à l'homme, le plus épais peut-être, une certaine finesse de tact, une certaine justesse de jugement qui le mette en état de sentir qu'une sotise est une sotise ; & je ne croirai pas qu'une Troupe nombreuse, dont quelques membres réunissent les talens naturels à l'assiduité de l'expérience, se trompent aussi lourdement sur des bévues grossieres qui sautent aux yeux de tout le monde. Non, leurs complaisances sont souvent moins aveugles qu'on ne le pense : quelquefois elles sont forcées, ou ils obéissent à des ordres supérieurs (ce qui me paroît un abus de la faveur

& de la protection accordée aux talens ; comme si l'on pouvoit être reçu à faire preuve, par un coup d'autorité, qu'un mauvais Ouvrage est bon, & qu'un sot est un homme d'esprit) ; ou ils sont enchaînés par la réputation d'un homme célebre, qui croit avoir acquis par des succès brillans le droit de donner des loix & de n'en pas recevoir : ce qui est le despotisme du génie. On n'a pas le courage d'en appeller de l'Auteur d'Olympie à l'Auteur de Mérope ; on craint de priver Melpomene du dernier appui qui lui reste. Dans la stérilité où nous sommes, un grand Homme règne en maître absolu. Que doivent faire les Comédiens dans cette malheureuse alternative ? Ce que fait un Général d'Armée qui reçoit un ordre de la Cour d'aller au-devant de l'ennemi, & de le combattre. La bataille est livrée & perdue. Outre ces sages précautions, qui doivent être senties par un Public équitable, il seroit facile de les justifier encore, en rappellant les succès monstrueux obtenus par des Ouvrages extravagans. Dans ce désordre du goût, dans cet esprit de vertige qui tourne toutes les têtes, dans ce cahos où tous les élémens sont confondus, quand toutes les règles sont violées, comment les reconnoître ? Quand tous les principes varient, comment les fixer ? Quand ils sont renversés, comment les rétablir ? Quand ils sont deshonorés, comment les respecter ? Je rougis pour ma Nation de lui voir quelquefois prodiguer la gloire ; il arrive de-là que le plus mince Auteur du plus pitoyable Drame, un jeune Ecolier sortant de Rhétorique, fier d'avoir remporté un Prix de l'Université, pense avoir le droit d'y prétendre, & qu'on n'a pas de bons titres pour le refuser. L'exemple d'une imprudence heureuse enfle sa témérité ; hier sous la férule, aujourd'hui rival d'Euripide &

de Sophocle, il osera demain dicter des loix sur le Parnasse.

Mais l'exemple est souvent un miroir bien trompeur.

Qu'il n'oublie jamais cette leçon de son Maître, du grand Corneille. Je l'avoue, Monsieur, l'audace de nos jeunes gens m'irrite, & j'ai quelquefois condamné dans vous ce sentiment trop modéré, qui se borne à les plaindre. Je les plains aussi, sans doute, je regrette amerement de voir briller ces fleurs trop précoces, qui ne portent point les fruits qu'elles promettent; je regrette de voir une avidité de gloire mal-entendue dévorer nos tendres espérances. Mais l'indignation se mêle à ma pitié, & j'évoquerois avec plaisir l'ombre de Despréaux, le vengeur du goût, & le fléau des Auteurs ineptes, pour écraser cette foule importune de petits insectes, dont le bourdonnement fatigue mes oreilles. Il est

mort, & les Cotins & les Pradons renaiſſent....... Mais j'ai à vous parler de l'Auteur immortel d'Alzire. M. de Voltaire eſt un Ovide dans l'art des Métamorphoſes. La Piéce qu'il donne aujourd'hui ſous le titre nouveau d'*Adélaïde du Gueſclin*, parut il y a près de trente ans ſous celui d'*Amélie*, & depuis ſous celui du *Duc de Foix*. M. de Voltaire ne craint point de ſe briſer trois fois contre le même écueil ; il traîne encore avec éclat les débris de ſon naufrage. Mais je lui dirois volontiers :
» Homme célebre, quoi ! couvert de
» gloire, comblé d'honneurs, en ferez-
» vous toujours plus affamé ? Courbé
» ſous le poids de vos lauriers, en vou-
» lez-vous être accablé ? Aſſez de tra-
» vaux ont illuſtré votre vie, jouiſſez
» en paix de toute votre renommée ;
» n'allez pas

» Montrer aux Nations Mithridate détruit,
» Et de votre grand nom diminuer le bruit.

» C'est dans la vigueur de l'âge que le
» génie, emporté par un élan rapide,
» s'éleve à toute fa hauteur. Mais le
» génie a fon déclin comme il a fes
» beaux jours : il eft peu de Sophocles.
» Ce feu facré qui embrâfe les grandes
» ames, fe confume peu à peu faute
» d'alimens, fe dévore lui-même, &
» s'éteint dans les glaces de la vieilleffe.
» Monté jufqu'au faîte, craignez de
» defcendre : quand l'homme périt, le
» grand homme dégénere. «

Oui, Monfieur, je crois qu'il eft au-deffous de M. de Voltaire, dans le point d'élévation où il eft, de courir encore avec tant d'avidité raffembler quelques rayons épars de fa gloire. Eft-il donc fi difficile à l'Auteur de Brutus, de Mérope & de Mahomet, d'oublier les difgraces de Zulime, du Duc de Foix & d'Artemire ? La premiere de ces trois Piéces fut remife au Théâtre il y a quelques années, & n'eut pas un heureux succès. La seconde y reparoît aujourd'hui. Je l'ai vue se relever en chancelant : c'est un foible convalescent qui ne vit que par artifice. A l'égard d'Artémire, on annonce qu'elle va bien-tôt renaître de ses cendres : je n'ose en accepter l'augure.

Vous connoissez le Duc de Foix, Monsieur, c'est connoître la Piéce nouvelle; l'Intrigue est la même, mais habillée à la Françoise, sous des noms plus modernes. Les plus grands changemens sont dans les noms, le Duc de Foix est déposé, & le Duc de Vendôme occupe sa place ; Vamir est le Duc de Nemours, Lisois est Coucy, enfin Amélie est Adélaïde; la Scène est transportée à Lille : tous ces changemens n'ont point influé sur les caractères. Le Maure étoit allié du Duc de Foix contre la France ; dans la Piéce nouvelle, l'Angleterre est l'alliée du Duc de Vendôme; ce sont les mêmes causes de dissensions,

& les mêmes effets ; les mêmes situations, les mêmes scènes, dont quelques-unes sont transposées d'un Acte à l'autre, quelques-unes tronquées, d'autres étendues, & d'autres retranchées, sans que l'on puisse dire qu'il en résulte une différence notable. Il y a peut-être tout au plus cent vers nouveaux, & qui n'ont que le mérite de la nouveauté. La mesure rompue par le changement des noms, en a nécessité le plus grand nombre, & tous sont dénués de cette fraîcheur de coloris, de cette harmonie ravissante, de ces grandes images qui caractérisent la Muse brillante de M. de Voltaire, & qui sont l'ame de la Poësie. Au lieu de ces Vers :

Lorsque le grand Clovis, aux champs de la Touraine,
Détruisit les vainqueurs de la grandeur Romaine ;
Quand son bras arrêta, dans nos champs inondés,
Des Ariens sanglans, les torrents débordés ;
Tant

Tant d'honneurs étoient-ils l'effet de sa ten-
    dresse ?
Sauva-t-il son pays pour plaire à sa Maîtresse ?

On remarque ceux-ci, où l'Auteur a choisi une époque plus récente :

Lorsque Philippe-Auguste, aux plaines de
    Bovines,
De l'Etat déchiré, répara les ruines ;
Quand son bras arrêta, dans nos champs
    inondés,
De l'Empire Germain les torrens débordés,
    &c.

Heureusement le nom de Philippe-Auguste est toujours harmonieux aux oreilles des François ; mais il est étonnant que la langueur prosaïque du cinquième vers ait encore trouvé grace devant M. de Voltaire. Le dernier est simple, naturel & beau.

On est accoutumé à voir M. de Voltaire violer sans scrupule les loix de l'Orthographe ; ainsi l'on n'est pas étonné qu'après avoir retranché la derniere lettre de Bovines, dans l'hémistiche de ce vers de Zaire,

Quand Philippe à Bovine enchaînoit la victoire,

il rétablisse le mot entier dans celui cité plus haut.

On revoit avec plaisir dans Adélaïde du Guesclin, ces vers si connus & qui méritent tant de l'être :

Amitié ! vain fantôme, ombre que j'ai chérie,
Toi, qui me consolois des malheurs de ma vie,
Bien que j'ai trop aimé, que j'ai trop méconnu,
Trésor cherché sans cesse, & jamais obtenu :
Tu m'as trompé, cruelle ! autant que l'Amour même.

Quel charme ! quel sentiment ! Ces vers sont puisés dans le cœur, & peignent la douleur d'une ame tendre, flétrie par l'ingratitude d'un ami perfide. Mais voulez-vous voir toutes les richesses de la Poësie, toutes les graces d'un style colorié par une brillante imagination, vous les trouverez répandues dans ces vers, où Coucy essaye de ramener le Duc de Vendôme dans le parti du Roi, en lui représentant que les funestes querelles qui divisent les Princes de son Sang, s'éteindront un jour, & feront place à une union durable, cimentée par l'amour des peuples.

Je prévois que bien-tôt on verra réunis
Les débris dispersés de l'Empire des Lys.

Le pur sang des Capets est toujours adoré.
Tôt ou tard il faudra que de ce tronc sacré,
Les rameaux divisés & courbés par l'orage,
Plus unis & plus beaux, soient notre unique
　　ombrage.

On aime encore le coup de pinceau de maître qui peint l'Amour :

Il est tyran du foible, esclave du Héros.

Le Parterre, ami de la satyre, applaudit avec plaisir aux reproches dédaigneux dont le Duc de Vendôme, dans la fureur tranquille d'un désespoir jaloux, accable Adélaïde :

C'en est-donc fait !... Mais, non, mon cœur fait se contraindre ;
Vous ne méritez pas que je daigne me plaindre.

. . . .

. . . Je vous rends justice, & ces séductions
Qui vont au fond des cœurs chercher nos passions,
L'espoir qu'on donne à peine, afin qu'on le saisisse,
Ce poison préparé des mains de l'artifice,
Sont les armes d'un sexe aussi trompeur que vain,
Que l'œil de la raison regarde avec dédain.

Cet *espoir qu'on donne à peine, afin qu'on le saisisse*, rappelle les vers où la Muse sévere de Despréaux s'égaye à peindre Iris coquette,

Qui mollement résiste, &, par un doux caprice,
Quelquefois le refuse, afin qu'on le ravisse.

C'est aussi ce qu'exprime parfaitement la pensée d'un Poëte Italien :

Or non sai tu com' è fatta la Donna ?
Fugge, e fuggendo vuol, ch'altri la giunga.

Niega, e negando vuol, ch'oltri si toglia;
Pugna, e pugnando vuol, ch'altri la vinca.

Mais qui croiroit que les vers suivans soient sortis de la plume de M. de Voltaire ? C'est le Duc de Nemours qui parle à son frere :

. . . . On disoit que d'un amour *extrême*, *Violent, effrené* (car c'est ainsi qu'on aime), Ton cœur depuis trois mois s'occupoit tout entier.

Outre ce fatras d'épithétes enfilées d'un vers à l'autre, & prodiguées sans choix ; outre la mauvaise grace de cette parenthèse, qui n'offre pas le germe d'une idée ; outre la rudesse du style, ces vers sont encore d'une grande maladresse, en ce qu'ils ont une aigreur jalouse qui doit faire ouvrir les yeux à Vendôme, lui inspirer une défiance naturelle des sentimens de Nemours, & par conséquent rompre l'effet de la Scène suivante, où il reconnoît avec surprise son rival dans son frere. Mais tout cela est réparé par l'aveuglement volontaire de Vendôme, qui paroît ne pas entendre les reproches dont Nemours l'accable, & qu'il n'a pas mérités. Je dis qu'il ne les avoit pas mérités, parce que jusqu'à ce moment il avoit montré son amour, sans avoir fait éclater ni emportemens, ni fureur, ni violence; il ne devient *furieux, violent, effrené*, que lorsqu'il apprend qu'un autre est aimé d'Adélaïde.

Aimerez-vous, Monsieur, cette froide réflexion que Nemours mêle aux reproches qu'il fait à sa Maîtresse, dont il se croit trahi?

C'est le sort des amans, & ma honte est commune.

Vous serez frappé sans doute du disparate choquant de cette métaphore, qui n'est qu'un pompeux galimathias.

D'un bras vraiment François, allons sur nos ramparts,

Sous les Lys relevés briser les Léopards.

Briser *les Léopards sous les Lys* ! Où est le rapport & la liaison des idées ? Est-ce ainsi que le même Poëte nous peignoit autrefois,

.... dans Denain l'audacieux Villars
Disputant le tonnerre à l'Aigle des Césars ?

On ne peut refuser des éloges à quelques beautés de détail, qui se trouvent insérées dans le nouveau plan. Quoiqu'il soit presqu'entierement d'imagination, on peut rapporter l'époque de l'action aux dernieres années du Regne de Charles VI, après l'assassinat du Duc de Bourgogne sur le pont de Montereau ; quand le Dauphin, accusé de ce meurtre, fut déclaré, par Arrêts du Conseil & du Parlement, déchu de son droit à la Couronne de France, où gouvernoit Henri, Roi d'Angleterre, sous le nom de Régent, le Royaume fut alors partagé en factions; & l'on ne peut se rappeller qu'avec horreur ces temps malheureux où la France déchiroit son sein de ses propres mains, & étoit encore la proie des fureurs de l'Etranger. Dans Adélaïde du Guesclin, le Duc de Vendôme s'est rangé du parti de l'Anglois, le Duc de Nemours son frere est demeuré fidéle au Dauphin. Nemours, emporté par l'ardeur d'enlever Adélaïde, qui est au pouvoir de son frere, veut surprendre l'Isle: il est blessé dans l'attaque, & fait prisonnier. Vendôme, qui, sans le connoître, avoit admiré sa valeur, oublie en le reconnoissant qu'il est son ennemi: il ne revoit qu'un frere qu'il aime. Il ignore qu'il est son rival; il l'accable des carresses les plus tendres, & envoie chercher Adélaïde, pour le rendre témoin de l'amour qui fait ses espérances, & qui doit faire son bonheur. A la vue d'Adélaïde, Nemours, dévoré de tous les feux de l'amour, transporté de toutes les fureurs de la jalousie, succombe sous l'excès des passions contraires qui l'agitent; sa blessure se rouvre, il tombe entre les bras de ses Gardes; Vendôme vole à son secours avec le cri du désespoir, & se précipite sur lui, pendant qu'en l'entraîne mourant. Ce tableau, Monsieur, est touchant & pathétique; il prépare admirablement bien le contraste des Scènes suivantes, où Vendôme, après avoir reconnu son rival, terrible dans sa rage, & implacable dans sa vengeance, ordonne la mort de ce frere qu'il vient de rappeller à la vie.

Le dénouement, Monsieur, n'ensanglante point la scène; c'est un des plus beaux dénouemens de clémence; il est satisfaisant pour le cœur, il éleve l'ame au-dessus des foiblesses de l'amour, & des fureurs de la vengeance. Je ne sais même s'il est moins sublime que celui de Cinna ; il est puisé dans les sources de l'histoire : voici le fait historique. En l'année 1387, sous le régne de Charles VI, Jean, Comte de Montfort, Duc de Bretagne, voulant se venger de Clisson, Connétable, convoqua une assemblée des Seigneurs de la Province à Vannes: après le repas il en mena plusieurs; entr'autres le Connétable, au Château de l'Hermine qu'il achevoit de faire bâtir. Il avoit placé des gens dans une chambre de la grosse tour, où le Connétable ne fut pas plus plutôt entré qu'on se saisit de lui & qu'on lui mit les fers aux pieds. Bavalen étoit Gouverneur du Château ; le Duc de Bretagne lui commanda, sous peine de la vie, d'aller vers minuit à la prison du Connétable, de le faire enfermer dans un sac & jetter dans la mer. Bavalen, homme prudent & modeste, eut beau représenter à quoi il s'exposoit.

soit de la part de la Cour de France, soit de la Noblesse de Bretagne, soit pour sa propre réputation, il ne put le fléchir, & se retira en lui promettant d'exécuter ses ordres.

Le Duc ne fut pas long-tems sans se repentir de les avoir donnés; & le repos de la nuit ayant calmé sa fureur, il envisagea toutes les suites de sa cruauté.

Bavalen étant venu à son lever, le Duc lui demanda, tout effaré, s'il avoit exécuté son ordre : il répondit que oui : le Duc se mit à pleurer, à reprocher à Bavalen sa déférence trop aveugle.

Bavalen, sans trop s'excuser, le laissa quelque tems dans cette agitation pour s'assurer de son repentir ; enfin voyant qu'il étoit sincère, il lui dit :
» Monseigneur, consolez-vous, le Connétable est encore en vie; j'ai pré-
» vu ce qui est arrivé ; j'ai cru devoir

» différer l'exécution d'un ordre qui
» partoit de votre colère, & que je
» m'attendois bien que votre prudence
» condamneroit. Le Duc, à cette pa-
» role, se jetta au cou de Bavalen, loua
» sa sagesse, & le remercia de sa fidelle
» désobéissance.

M. de Voltaire s'est heureusement enrichi des tréfors de l'Histoire ; le Duc de Vendôme irrité par la fierté de Némours qui s'avoue son rival, & le brave, désespéré de ne pouvoir lui enlever le cœur d'Adélaïde, ordonne qu'on l'arrête & qu'on l'enferme dans le Château. Adélaïde essaye de le fléchir par ses larmes ; sa fureur s'en irrite encore ; il lui répond que plus elle demande sa grace, plus elle le rend coupable. Vos prieres, dit il,

Sont un nouveau poison versé sur ma
 blessure.

Enfin, pour se dérober à ses instances,
           il

il commande qu'on l'ôte de sa vue. La modeste Adélaïde sort alors de son caractère de douceur & de retenue, & lui laisse pour adieux les plus horribles imprécations ; elle l'appelle tyran, elle souhaite qu'il tombe avec ses remparts, qu'il périsse sans gloire, & que l'avenir prodigue à sa mémoire la haine & le mépris qu'il lui a inspiré. Coucy arrive sur ces entrefaites, le sage Coucy, l'intrépide ami de la vérité & le fidéle confident de son maître. Il trouve Vendôme hors de lui-même ; tout entier à sa rage, & ne se connoissant plus, Vendôme lui demande ; Coucy montre une noble colère & s'indigne du choix que le Prince fait de lui pour un assassinat. Je suis bien malheureux, s'écrie Vendôme, & bien digne de pitié ! Outragé dans mon amour & trahi dans mon amitié ! Il envie le sort du Dauphin d'avoir trouvé dans Tannegui du Châtel un bras qui le servît sans scrupule, & qui ne balançât pas. Allez, dit il; non, je n'attends point de vous cette prompte justice; mais croyez que Vendôme, dans son malheur, trouvera encore des amis qui ne trahiront point sa querelle. Coucy entrevoit les noirs projets du Prince, & frémit à cette idée; & après un moment de silence : non, dit-il,

Vous ne vous plaindrez plus qu'un ami vous trahisse :

Je me décide à tout, je vois qu'il est des tems pour des partis extrêmes;

Je ne souffrirai pas que d'un autre que moi, Dans de pareils momens vous éprouviez la foi.

Vendôme, transporté de joie, l'embrasse, le nomme son ami, lui donne une entiere puissance dans la Ville & dans l'Armée, & lui promet les plus hautes récompenses; mais allons;

. . . Et que bientôt à mon impatience
Le Canon des Remparts annonce ma vengeance.

Ils se séparent, & Vendôme qui se défie de l'obéissance de Coucy, & qui croit qu'on ne soulage point des douleurs qu'on méprise, charge encore un autre bras du soin d'immoler sa victime. Enfin sûr qu'elle ne peut lui échapper, il se livre à une joie barbare, & jouit déja des affreux plaisirs de la vengeance. Mais bientôt les remords se font entendre. Il se rappelle que c'est un frere qu'il va immoler, un frere qu'il avoit tendrement aimé ; la nature fait taire l'amour, la vengeance est étouffée, & l'amitié l'emporte ; les fureurs de la jalousie cédent au cri du sang qui se révolte, il frémit du crime que sa rage va commettre, il n'a point encore entendu le signal horrible, il est tems encore de sauver son frere, il

C ij

appelle un de ses Officiers & lui ordonne de se hâter de prévenir un parricide. A l'instant même le signal odieux frappe ses oreilles ; jamais un coup de foudre ne fit un effet plus terrible. Jugez, Monsieur, du pathétique de cette scène, elle est vraiment tragique & va chercher le sentiment dans le fond du cœur. M. de Voltaire n'avoit pu faire usage de ce coup de Théâtre dans le Duc de Foix, parce que dans cette époque ancienne l'artillerie n'étoit pas encore connue ; en rapprochant l'action de notre tems, il s'est ménagé une grande ressource dont il a profité en homme de génie. Ce changement a produit le retranchement d'une Scène languissante, & l'effet théatral se déploie plus rapidement.

Vendôme, consterné, immobile, n'est réveillé que par le désespoir, les larmes coulent de ses yeux cruels, il saisit son épée pour se percer : Coucy accourt, arrête le fer prêt à le frapper & l'arrache de ses mains. Le malheureux Prince déchiré de remords, veut mourir, il se plaint à Coucy de ne lui avoir obéi que pour le rendre parricide. Coucy le laisse quelques momens dans l'erreur ; enfin il lui decouvre qu'il l'a trompé, qu'il a sçu le défendre de ses propres fureurs ; qu'ayant surpris celui qui étoit venu par son ordre secret pour poignarder son frere, il l'avoit arrêté & avoit aussitôt fait donner le signal, sûr que le repentir désavoueroit l'emportement d'une aveugle colere. Nemours paroît aussitôt, & partage sa tendresse entre son frere & sa maîtresse qui le baignent de pleurs; sa réconciliation est parfaite. Vendôme pour se punir par un affreux supplice, cede Adélaïde à son frere, Adélaïde qu'il aime encore, Adélaïde encore nécessaire à son bonheur. Non content de cet effort généreux, il rompt sa fatale alliance avec l'Angleterre, & charge Nemours d'aller offrir au Roi son hommage. Enfin, satisfait de lui-même, comne le cœur l'est après une bonne action, il en cherche un témoignage honorable dans le cœur éprouvé de son ami en lui disant;

Es-tu content, Coucy?....

trait sublime, qui peint une grande ame & qui porte le caractère de l'héroïsme ; je ne sais lequel il honore davantage, ou du Prince, ou du Favori. Il n'a point été cependant à l'abri de la plaisanterie, & quelqu'un du Parterre répondit à ces mots; es-tu content, Coucy? *Couſſi, Couſſi*, l'épigramme ne manque pas de sel, mais c'est le serpent qui mord la lime d'acier.

Je suis,

MONSIEUR,

Votre très-humble
serviteur ***.

www.ingramcontent.com/pod-product-compliance
Lightning Source LLC
Chambersburg PA
CBHW060540050426
42451CB00011B/1791